La guida cheto definitiva

L'unica guida di cui avrai bisogno, con 50 ricette e istruzioni facili da seguire per la dieta chetogenica

Di

Anne White

Questo documento ha lo scopo di fornire informazioni esatte e affidabili riguardo all'argomento e alla questione trattata. La pubblicazione viene venduta con l'idea che l'editore non è tenuto a fornire servizi contabili, ufficialmente autorizzati o altrimenti qualificati. Se è necessaria una consulenza, legale o professionale, deve essere ordinata una persona esperta nella professione.

Da una Dichiarazione di principi che è stata accettata e approvata allo stesso modo da un comitato dell'American Bar Association e da

nessuna circostanza sarà attribuita alcuna responsabilità legale o biasimo nei confronti dell'editore per eventuali riparazioni, danni o perdite monetarie dovute alle informazioni qui contenute, direttamente o indirettamente.

I rispettivi autori possiedono tutti i diritti d'autore non detenuti dall'editore.

Le informazioni qui contenute sono offerte esclusivamente a scopo informativo e sono universali in quanto tali. La presentazione delle informazioni avviene senza contratto né alcun tipo di garanzia.

I marchi utilizzati sono senza alcun consenso e la pubblicazione del marchio è senza autorizzazione o supporto da parte del proprietario del marchio. Tutti i marchi registrati all'interno di questo libro sono solo a scopo di chiarimento e sono di proprietà dei proprietari stessi, non affiliati a questo documento.

Indice

Introduzione

La dieta chetogenica è stata utilizzata per la prima volta nel 1924 per aiutare a ridurre le crisi epilettiche e in seguito, negli anni '70, ha guadagnato popolarità come metodo per una rapida perdita di peso. La dieta "cheto", come è anche nota, si basa su una dieta a basso contenuto di carboidrati e ad alto contenuto di grassi, ed è simile alla dieta Atkins e a tutte le diete che riducono l'assunzione di carboidrati.

Una dieta chetogenica è povera di carboidrati, cioè povera di farine, amidi e carboidrati vegetali, che vengono poi trasformati in glucosio e ricca di grassi. È semplice: invece di prendere energia dal glucosio; il corpo lo prende dai grassi.

Il nostro corpo utilizza il glucosio per produrre energia calorica. Quando la glicemia diminuisce, ad esempio durante lo sport, il digiuno o quando abbiamo fame, il corpo alterna la fonte di energia e la prende dai grassi depositati in diverse parti del nostro corpo.

Se siamo affamati per molto tempo, la dieta chetogenica mette il corpo in un cosiddetto "stato di chetosi", cioè consuma grassi. Il nome deriva dai "corpi chetonici", componenti derivati dai grassi e importanti per la sopravvivenza, in quanto vengono messi in funzione in caso di assenza di zuccheri.

Se l'assunzione di zuccheri è estremamente limitata, il corpo è costretto a utilizzare tutto il glicogeno, uno stadio del glucosio, immagazzinato nel fegato. E quando il glucosio si esaurisce, il corpo cambia "carburante" e inizia a bruciare i grassi, entrando, dopo un certo periodo di tempo, in uno stato di chetosi, che può durare dai due ai quattro giorni.

Capitolo 1. Frullati e ricette per la colazione

Frullati

1. Frullato senza frutta a basso contenuto di carboidrati

Tempo di preparazione: 5 min | Dosi per: 1 persona | Difficoltà: facile

Per porzione: Kcal 391, Grassi: 32g, Carboidrati netti: 6g, Proteine: 3g.

Ingredienti:

- 250 ml di latte di mandorla senza zucchero
- ½ avocado
- 30-60 gr di spinaci
- 1/2 misurino di proteine in polvere
- 1 cucchiaino di cacao in polvere
- 1 cucchiaio di semi di canapa
- 1 cucchiaio di olio MCT
- 10 gocce di stevia liquida
- Acqua per diluire fino alla consistenza desiderata
- Ghiaccio

- 1 cucchiaino di granella di cacao (facoltativo)

Procedimento:

1. Mescolate tutti gli ingredienti e frullate fino a ottenere un composto omogeneo.

2. Frullato per la colazione

Tempo di preparazione: 5 min | Dosi per: 2 persone | Difficoltà: facile

Per porzione: Kcal 450, Grassi: 38g, Carboidrati: 22g, Proteine: 9g.

Ingredienti:

- 340 ml di latte di cocco
- 160 ml di acqua fredda o calda
- 15 gr di burro di arachidi biologico naturale
- 2 cucchiaini di cacao in polvere
- 1 cucchiaino di estratto di stevia
- 1 avocado medio
- 2 cubetti di ghiaccio (facoltativi)

Procedimento:

1. Mescolate tutti gli ingredienti e frullate fino a ottenere un composto omogeneo.

3. Frullato al tartufo e ai frutti di bosco

Tempo di preparazione: 5 min | Dosi per: 2 persone | Difficoltà: facile

Per porzione: Kcal 294, Grassi: 26g, Carboidrati: 15g, Proteine: 3g.

Ingredienti:

- 1/2 avocado Hass di medie dimensioni
- 2 cucchiai di noci pecan
- 1 cucchiaio e 1/2 di cacao amaro in polvere
- 2 bustine da 1 gr di eritritolo e stevia
- Un pizzico di sale
- 3/4 cucchiaino di estratto di vaniglia
- 60 ml di panna da montare
- 120 ml di acqua
- 170 gr di frutti di bosco surgelati

- 6 cubetti di ghiaccio

Procedimento:

1. Mescolate tutti gli ingredienti e frullate fino ad ottenere un composto omogeneo.

Colazione

4. Omelette con salmon affumicato

Tempo di preparazione: 15 min |Dosi per: 1 persona | Difficoltà: facile

Per porzione: Kcal 409, Grassi: 32g, Carboidrati netti: 2g Proteine: 28g.

Ingredienti:

- 3 uova grandi
- 1 cucchiaio di panna
- 15 gr di burro
- 60 gr di salmone affumicato
- 1 cipollina
- 1 cucchiaio di aneto tritato
- 1 cucchiaino di condimento per bagel

Procedimento:

1. Scaldate una padella a fuoco medio.
2. Unite la panna e le uova in una ciotola, frullate con una frusta.
3. Mettete il burro nella padella e ungete tutta la superficie. Quando smette di sfrigolare, aggiungete le uova e poi lasciatele spargere sulla padella.
4. Per mescolare facilmente le uova, utilizzate una spatola resistente al calore.
5. Togliete dal fuoco.
6. Mettete l'aneto, il salmone affumicato e la maggior parte della cipollina lungo il centro delle uova, poi usate la spatola per sollevare un lato delle uova e spostatelo in avanti e sopra il ripieno fino a ottenere un cilindro.
7. Fate scorrere la frittata su un vassoio e guarnite con condimento extra per scalogno e bagel.

5. Uova alla diavola

Tempo di preparazione: 45 min |Dosi per: 6 persone | Difficoltà: facile

Per porzione: Kcal: 261, Grassi: 23g, Carboidrati netti: 1g; Proteine: 12g.

Ingredienti:

- 12 uova
- Un pizzico di sale
- 115 gr di maionese
- 3 cucchiaini di senape dijon
- ½ cucchiaino di pepe bianco
- 1 cucchiaino di aglio in polvere
- ½ cucchiaino di curcuma
- 2 cucchiai di coriandolo fresco tritato
- 2 cucchiai di spinaci novella tritati
- 2 cucchiai di purè di barbabietole in scatola
- ½ cucchiaino di aceto di mele

Procedimento:

1. Fate bollire una pentola d'acqua grande. Trasferite lentamente le uova con un cucchiaio, una alla volta. Fate bollire per dieci minuti, poi scolate rapidamente l'acqua dalla

pentola e aggiungete ghiaccio e acqua fredda. Prima di sbucciare, lasciate raffreddare le uova in acqua ghiacciata per 2 minuti.

2. Rompete le uova delicatamente in due, ed estraete i tuorli. Unite i tuorli e il sale, la senape, la maionese al pepe e l'aglio in polvere in una tazza ampia. Frullate fino a ottenere un composto omogeneo.

3. Il mix di tuorlo viene conservato in tre ciotole. Aggiungete in una ciotola la curcuma per fare le uova gialle e frullate fino a che liscio, poi versate il composto in 8 gusci d'uovo bianchi.

4. Mescolate gli spinaci e le erbe in un'altra ciotola di mix di tuorlo per rendere le uova verdi. Mescolate bene con un frullatore ad immersione.

5. Mescolate l'aceto e il purè di barbabietole nell'ultima ciotola del tuorlo per ottenere i gusci rosa. Usate un frullatore ad immersione per mescolare fino a che liscio. Usate un cucchiaio per raccogliere il ripieno nei gusci bianchi di 8 uova.

6. Servite subito o mettete su una teglia in frigo fino al momento di servire.

6. Spinaci e feta strapazzati

Tempo di preparazione: 15 min |Dosi per: 2 persone| Difficoltà: facile

Per porzione: Kcal: 348, Grassi: 30g, Carboidrati netti: 3g; Proteine: 16g.

Ingredienti:

- 4 uova grandi
- 2 cucchiai di panna
- 30 gr di burro
- 110 gr di spinaci novella freschi
- 1 spicchio d'aglio tritato
- Sale e pepe q. b
- 40 gr di feta sbriciolata

Procedimento:

1. Montate la panna e le uova insieme in una ciotola media, fino a quando non sono ben amalgamate.

2. Riscaldate una padella a fuoco medio, poi aggiungete il burro. Incorporate l'aglio e gli spinaci una volta che il burro si sarà sciolto e lasciate cuocere a fuoco lento finché gli spinaci non saranno appassiti con pepe e sale.

3. Versate il composto delle uova nella padella. Cuocete fino a quando non inizia a fissarsi sui bordi. Sollevate delicatamente, girate e spostatele verso il centro utilizzando una spatola di gomma, facendo scorrere le uova (crude) verso i bordi. Continuate a sollevare e girare finché non è pronto.

4. Togliete dal fuoco la padella e cospargetela di feta. Se preferite, aggiungete qualche fetta di pancetta fritta.

7. French pancake

Tempo di preparazione: 15 min |Dosi per: 4 persone| Difficoltà: facile

Per porzione: Kcal: 690, Grassi: 68g, Carboidrati netti: 4g; Proteine: 15g

Ingredienti:

- 4 uova

- 480 ml di panna
- 120 ml di acqua
- Un pizzico di sale
- 2 cucchiai di buccia di psillio macinata in polvere
- 85 gr di burro

Procedimento:

1. Mescolate le uova, l'acqua, la panna e il sale in un piatto usando uno sbattitore a mano.

2. A poco a poco, sbattete la buccia di psillio mentre iniziate a frullare fino ad ottenere una pastella liscia. Lasciate riposare almeno 10 minuti.

3. Cuocete i pancake in una padella col burro a fuoco medio alto, assicuratevi che la padella non sia né grande né molto calda. Prima di capovolgere, attendete che la parte superiore sia asciutta.

Capitolo 2. Snack & contorni

Snack

8. Palline al formaggio con pancetta e jalapeño

Tempo di preparazione: 2 h e 10 min | Dosi per: 1 persona | Difficoltà: facile

Per porzione: Kcal: 110, Grassi: 9g, Carboidrati netti: 2g; Proteine: 4g.

Ingredienti:

- 510 gr di crema di formaggio
- 5 cucchiai di jalapeño tagliati a cubetti
- 10 fettine di pancetta cucinata
- ¾ cucchiaino di sale speziato all'aglio
- Una punta di grasso di cottura

Procedimento:

1. Unite il formaggio ammorbidito con 3 cucchiaini di jalapeño, la pancetta, sale all'aglio e grasso di cottura in una ciotola media.
2. Formate delle palline, coprite con la pellicola e lasciate raffreddare per 2 ore.

3. Ora rimuovete le palline di formaggio dalla pellicola trasparente e arrotolatele sui jalapeno rimanenti e sulla pancetta sbriciolata per coprire.

9. Crackers a basso contenuto di carboidrati

Tempo di preparazione: 50 min | Dosi per: 36 | Difficoltà: facile

Per porzione: Kcal 212, Grassi: 17.1, Carboidrati netti: 5.8g; Proteine: 8.1g.

Ingredienti:

- 1 uovo
- 1/2 cucchiaino di aglio in polvere
- 1/2 cucchiaino di cipolla in polvere
- Un pizzico di sale
- 2 cucchiai di condimento Bagel
- 170 gr di farina di mandorle

Procedimento:

1. Preriscaldate il forno a 175°C. Mescolate 1 cucchiaio di condimento bagel, l'uovo, l'aglio in polvere, la cipolla in polvere e il sale.
2. Aggiungete la farina di mandorle e frullate fino a formare una pasta frolla. Appiattitela tra 2 fogli di carta da forno. Stendete fino a uno spessore di ½ cm.
3. Cospargete con la carta oleata il restante cucchiaio di condimento bagel e premete sull'impasto.
4. Utilizzate un coltello o un tagliapizza per tagliare a quadrati.
5. Trasferite direttamente il tutto sulla teglia.
6. Cuocete per 10 minuti. Quando diventeranno dorati, i vostri cracker saranno pronti.

10. Chicharron fatti in casa

Tempo di preparazione: 3 h e 50 min | Dosi per: 1 persona | Difficoltà: facile

Per porzione: Kcal 152, Grassi: 9g, Proteine:17g.

Ingredienti:

- 1 kr di cotiche di maiale
- Olio per friggere
- Sale e pepe q. b

Procedimento:

1. Preriscaldate il forno a 120°C e mettete una griglia su una teglia.

2. Tagliate le cotiche di maiale in strisce lunghe, larghe circa 5 cm, usando un coltello affilato.

3. Tagliate ogni striscia in quadrati e metteteli, con il lato grasso rivolto verso il basso, su una griglia e cuocete per 30 minuti.

4. Nel frattempo, se volete cuocere i chicharron con il grasso di maiale, metteteli nella pentola capiente a fuoco medio. Cuocete delicatamente, circa 2 ore, fino a quando la maggior parte del grasso si è liquefatta. Scolateli.

5. Quando il tempo di cottura è finito, scaldate olio nella padella e cuocete le cotiche. L'olio deve essere caldo, ma non dovrebbe bollire.

6. Aggiungete le cotiche di maiale e cuocete per circa 3-5 minuti, finché non si gonfiano e si gonfiano. Mettetele su un foglio di carta assorbente. Cospargete istantaneamente di sale e pepe.

11. Polpette cheddar e jalapeno

Tempo di preparazione: 45 min| Dosi per: 8 persone | Difficoltà: facile

Per porzione: Kcal 368, Grassi: 24g, Carboidrati netti: 1.1g; Proteine: 33.4g.

Ingredienti:

- 680 gr di carne macinata
- 170 gr di cheddar grattugiato
- 15 gr di cotiche di maiale tritate
- 1 uovo grande
- 1 jalapeno a dadini
- 2 cucchiai di coriandolo tritato
- 1 cucchiaino di peperoncino in polvere
- 1 cucchiaino di aglio in polvere

- 1 cucchiaino di sale
- ½ cucchiaino di cumino
- ½ cucchiaino di pepe

Procedimento:

1. Preriscaldate il forno a 190°C e rivestite di carta da forno una grande teglia bordata.

2. Mescolate tutti gli ingredienti nella ciotola di un robot da cucina grande. Frullate fino a quando non sono perfettamente amalgamati.

3. In alternativa, potete mescolare tutto a mano in una ciotola. Formate un impasto ben amalgamato.

4. Formate delle polpette e disponetele sulla teglia pronta a circa 2 cm l'una dall'altra. Cuocete per venti minuti, finché non sono cotti e dorati.

5. Servite caldo.

Contorni

12. Asparagi arrostiti con aglio, limone e parmigiano

Tempo di preparazione: 15 min |Dosi per: 4 persone | Difficoltà: facile

Per porzione: Kcal 173; Grassi: 4g; Carboidrati netti: 6g; Proteine: 7g.

Ingredienti:

- 1 mazzetto di asparagi
- 3-4 cucchiai di olio d'oliva
- Sale e pepe q. b
- 2 spicchi d'aglio
- 3 cucchiai di parmigiano grattugiato
- Succo di ½ limone

Procedimento:

1. Preriscaldate il forno a 220°C.

2. Pulite gli asparagi e tagliate la parte inferiore di ogni gambo, eliminate la parte rigida e fibrosa.

3. Asciugate gli asparagi e spargeteli su una teglia. Condite con olio d'oliva, sale e pepe

(fresco). Assicuratevi di ricoprire uniformemente tutti gli asparagi, dopodiché cuoceteli in forno per 8-10 minuti, a seconda delle dimensioni, finché sono teneri.

4. Sfornate e spennellate con aglio, parmigiano e succo di limone. Prima di mangiare, date una mescolata.

13. Purè di cavolfiore con radice di sedano a basso contenuto di carboidrati

Tempo di preparazione: 25 min |Dosi per: 6 persone| Difficoltà: facile

Per porzione: Kcal: 158, Grassi: 9g, Carboidrati netti: 3g; Proteine: 2g.

Ingredienti:

- 450 gr di cimette di cavolfiore
- 1 sedano rapa tagliato a cubetti
- 1 spicchio d'aglio tritato
- 80 ml di panna
- 1/2 panetto di burro

- Sale e pepe q. b
- Scorza di 1 limone
- Cipollotto per guarnire
- Prezzemolo tritato per guarnire
- Pancetta per guarnire
- Cheddar per guarnire

Procedimento:

1. Sedano rapa: Rimuovete la parte superiore e inferiore del sedano. Con un coltellino e operando dall'alto verso il basso, tagliate la radice. Tagliate il sedano a fettine di 2 cm, mettete l'aglio affettato in una pentola e coprite con acqua. Portate il sedano rapa a ebollizione e cuocete fino a renderlo morbido, poi bucatelo rapidamente con una forchetta.

2. Cavolo: Affettate il cavolfiore sulle cimette e mettetelo in una ciotola per microonde. Applicate due cucchiai di acqua, coprite e infornate per 5-8 minuti ad alta intensità o una volta che il cavolfiore è morbido.

3. Purè: Mettete il cavolfiore e il sedano rapa (con l'aglio) in una terrina e frullate i pezzetti. Applicate la purea e la panna fino a che liscio.

Mescolate il burro, poi frullate bene. Guarnite con pepe e sale. Poi unite al purè il cipollotto.

14. Pancake di patate e zucchine

Tempo di preparazione: 40 min |Dosi per: 1 persona | Difficoltà: facile

Per porzione: Kcal: 122, Grassi: 9g, Carboidrati netti: 6.25g, Proteine: 3g.

Ingredienti:

- 130 gr di zucchine a listarelle
- 255 gr di patate dolci a listarelle
- 1 uovo
- 1 cucchiaio di farina di cocco
- 1/2 cucchiaino di aglio in polvere
- Un pizzico di cumino macinato
- 1/2 cucchiaino di prezzemolo
- Sale e pepe q. b
- 15 gr di burro chiarificato
- 1 cucchiaio di olio evo

Procedimento:

1. In una ciotola, unite le zucchine, le patate e l'uovo.

2. Mescolate la farina di cocco e le spezie in una ciotola poco profonda. Applicate la miscela di zucchine agli ingredienti secchi e frullate fino a ottenere un composto omogeneo.

3. Riscaldate il burro in una padella antiaderente con l'olio d'oliva. Dividete la miscela in 4 parti uguali e mettetele in padella. Spingete verso il basso usando una forchetta fino a formare uno strato spesso 1,5 cm. Cuocete fino a quando sono croccanti e dorati a fuoco medio, poi girate e cuocete dall'altro lato. Toglietele dal fuoco e tamponate con della carta assorbente.

4. Guarnite con una spolverata di sale. Servite caldo.

15. Zucchine grigliate

Tempo di preparazione: 25 min |Dosi per: 1 persona | Difficoltà: facile

Per porzione: Kcal 196, Grassi: 16g, Carboidrati netti: 3.9g, Proteine:2g.

Ingredienti:

- 2 zucchine affettate in lunghezza
- 120 ml di vinaigrette per insalata
- 1 cucchiaino di aglio in polvere

Procedimento:

1. Tagliate le zucchine a pezzi simili.

2. Mescolate la vinaigrette, l'aglio in polvere e le erbe essiccate, se disponibili.

3. Mettete le zucchine in un contenitore, aggiungete la marinata e lasciate marinare in frigorifero per 4 ore o più, o per tutto il tempo necessario per l'intera giornata.

4. Scolate le zucchine in uno scolapasta quando dovrete cuocerle.

5. Scaldate la piastra a fuoco medio per arrostire le zucchine. Se necessario, spruzzate un po' di olio spray.

6. Posizionate le zucchine in diagonale sulla piastra.

7. Se dopo 3-4 minuti vedete i segni della piastra, girate le zucchine in direzione opposta. Cuocete 3-4 minuti dall'altro lato.

8. Condite con pepe e sale e servite caldo.

Capitolo 3. Ricette pollame

16. Pollo alla paprika

Tempo di preparazione: 35 min |Dosi per: 4 persone| Difficoltà: facile

Per porzione: Kcal 292, Grassi: 18g, Carboidrati netti: 9g, Proteine: 25g.

Ingredienti:

- 1 cucchiaio di olio di avocado
- 450 gr di cosce di pollo disossate e senza pelle
- 2 cucchiai di paprika dolce
- 1 cucchiaino di sale
- 1/2 cucchiaino di pepe
- 1/2 cucchiaino di curcuma
- 1/2 cucchiaino di aglio in polvere
- 150 gr di pomodorini
- 1/2 cipolla gialla sminuzzata
- 110 gr di spinaci novelli tritati
- 1 cucchiaio di coriandolo fresco tritato
- 160 ml di latte di cocco

Procedimento:

Preparazione:

1. Mescolate bene le cosce di pollo con paprika, curcuma, pepe e aglio in polvere. Una volta ricoperte, mettete da parte.

2. Sbucciate la cipolla, poi affettatela sottilmente. Tritate gli spinaci e il coriandolo.

Cottura:

1. Riscaldate un'enorme padella in ghisa a fuoco medio. Aggiungete l'olio di avocado fino a quando non si riscalda e poi il pollo. Cuocete il pollo per 5-6 minuti, poi girate e cuocete per altrettanti minuti.

2. Aggiungete i pomodorini e la cipolla tritata, mescolate delicatamente per coprire con le spezie.

3. Cuocete 5-7 minuti prima che i pomodori siano troppo teneri da rompersi. Poi schiacciate tutti i pomodori per liberare i loro succhi.

4. Aggiungete il coriandolo e gli spinaci a dadini e il latte di cocco e frullate bene.

5. Abbassate la fiamma e continuate a cuocere per altri 8-10 minuti prima che il pollo sia completamente cotto e la salsa si sia addensata un po'.

6. Servite su spaghetti/pasta senza glutine e gustate.

17. Insalata di pollo e aneto

Tempo di preparazione: 35 min |Dosi per: 8 persone| Difficoltà: facile

Per porzione: Kcal 236, Grassi: 16.5g, Carboidrati netti: 1.25g, Proteine: 12g.

Ingredienti:

- 450 gr di petto di pollo, cotto e tagliato a cubetti
- 50 gr di sedano a dadini
- 17 gr di cipolla tritata
- 170 gr di maionese
- 1 cucchiaio di senape dijon
- 3 cucchiai di aneto fresco
- Sale e pepe q. b

Procedimento:

1. Aggiungete pollo, cipolla, sedano, maionese, aneto, senape, sale e pepe in una grande terrina. Mescolate fino a quando non è ben amalgamato.

2. Servite su foglie di lattuga o semplicemente così com'è!

18. Cosce di pollo croccanti con burro al rosmarino

Tempo di preparazione: 35 min |Dosi per: 4 persone| Difficoltà: facile

Per porzione: Kcal 356.5, Grassi: 31g, Carboidrati netti: 0g, Proteine: 20g.

Ingredienti:

- 4 cosce di pollo
- 1 cucchiaio di rosmarino
- 1 cucchiaino di aglio in polvere
- 1/2 cucchiaino di cipolla in polvere
- 1/2 cucchiaino di pepe di caienna
- 1/2 cucchiaino di sale dell'Himalaya
- 1 cucchiaino di pepe
- 30 gr di burro
- 2 cucchiai di olio di cocco

Procedimento:

1. Unite gli ingredienti secchi e metteteli da parte in una ciotola.

2. Tagliate via le ossa dalle cosce di pollo.

3. Mettete i pezzi di pollo su un tagliere e asciugateli.

4. Spalmate mezzo cucchiaino di burro su ogni coscia e passatele nella miscela di spezie molto accuratamente.

5. A fuoco medio alto, aggiungete l'olio di cocco in una padella e mettete le cosce con la pelle rivolta verso il basso.

6. Cuocete per circa 10 minuti o fino a quando la pelle è croccante, poi girate e cuocete per i successivi 10-15 minuti o fino a quando il pollo è completamente cotto.

7. Servite caldo e gustate!

19. Polpette di pollo a basso contenuto di carboidrati e senza glutine

Tempo di preparazione: 45 min |Dosi per: 3 persone | Difficoltà: facile

Per porzione: Kcal 331, Grassi: 28g, Carboidrati netti: 2g, Proteine: 17g.

Ingredienti:

Per le polpette:

- 450 gr di carne di pollo macinata
- 25 gr di farina di mandorle
- 60 gr di crema di formaggio
- 1 uovo
- 2 cucchiai di sedano tritato
- 3 cucchiai di gorgonzola sbriciolato
- Un pizzico di pepe

Per la salsa:

- 1/2 panetto di burro
- 150 gr di salsa piccante

Procedimento:

1. Mescolate tutti gli ingredienti per le polpette in una ciotola, tranne il sale.

2. Formate delle polpettine piccole.

3. Mettetele in una teglia con l'olio e cuocetele a 180°C per 10 minuti.

4. Mescolate la salsa piccante e il burro in una padella piccola a fuoco medio o metteteli in una ciotola per microonde per due minuti.

5. Togliete le polpette dal forno e versate la salsa Buffalo nella teglia.

6. Infornate di nuovo per altri 12 minuti. Spennellate le polpette di salsa in cima.

Capitolo 4. Ricette di maiale, manzo e agnello

Maiale

20. Costine di maiale orientali a cottura lenta

Tempo di preparazione: 3 h e 20 min | Dosi per: 2 persone | Difficoltà: difficile

Per porzione: Kcal: 482, Grassi: 38g, Carboidrati netti: 4g, Proteine: 25g.

Ingredienti:

- 450 gr di costine di maiale
- ½ cipolla tritata
- 1 cucchiaio di concentrato di aglio
- 1 cucchiaio di concentrato di zenzero
- 300 ml di brodo di pollo
- 2 cucchiai di salsa tamari o amino cocco
- ½ cucchiaino di condimento cinese alle cinque spezie
- 2 cipolline tritate

Procedimento:

1. Mettete le costine di maiale nella pentola a cottura lenta. Potrebbe essere necessario dividerle a metà.

2. Aggiungete le cipolle, l'aglio, lo zenzero e brodo di pollo. Se le costine non sono completamente ricoperte, aggiungete un po' di brodo fino a coprirle.

3. Coprite con un coperchio e cuocete per 3 ore a fiamma bassa.

4. Per tenerle al caldo, rimuovete le costine e avvolgetele nella carta stagnola. Mettetele da parte.

5. Spostate il contenuto della pentola in una padella pulita. Usando un frullatore a immersione, frullate bene (o usate un robot da cucina per frullare e passate al fornello in padella) e applicate le 5 spezie cinesi e la salsa tamari. Fate addensare il tutto a fiamma alta.

6. Aggiungete un pizzico di eritritolo, se lo ritenete opportuno.

7. Spennellate le costine calde con questa marinata e guarnite con le cipolle.

21. Costine al forno

Tempo di preparazione: 3 h e 5 min | Dosi per: 2 persone | Difficoltà: difficile

Per porzione: Kcal: 580, Grassi: 51g, Carboidrati netti: 5g, Proteine: 25g.

Ingredienti:

- 450 gr di costine di maiale
- 2 cucchiai di salsa di mele
- 2 cucchiai di salsa tamari o amino cocco
- 2 cucchiai di olio d'oliva
- 1 cucchiaio di zenzero fresco
- 2 spicchi d'aglio
- Sale e pepe q. b

Procedimento:

1. Preriscaldate il forno a 135°C.

2. Condite le costine con sale e pepe e coprite bene con un foglio di carta stagnola. Mettete il tutto in una pirofila e cuocete in forno per tre ore a bassa temperatura.

3. Mescolate olio d'oliva, salsa di mele, salsa tamari, zenzero e aglio in un frullatore fino a ottenere una purea.

4. Togliete le costine dal forno dopo tre ore e regolate la temperatura a 230°C.

5. Con cura, cospargete bene le costine con la marinata utilizzando un pennello. Mettete le costine in forno e cuocete per 5-10 minuti finché non diventano appiccicose con la marinata.

Manzo

22. Patatine jicama croccanti fritte in friggitrice ad aria

Tempo di preparazione: 60 min | Dosi per: 4 persone | Difficoltà: facile

Per porzione: Kcal: 452, Grassi: 28g, Carboidrati netti: 14g, Proteine: 22g.

Ingredienti:

Per le patatine:

- 1 kg di patate jicama, a pezzetti
- 2 cucchiai di olio d'oliva
- ½ cucchiaino di aglio in polvere

- 1 cucchiaino di cumino
- 1 cucchiaino di sale
- Un pizzico di pepe

Topping al peperoncino:

- 1 cucchiaio di olio d'oliva
- 230 gr di carne di manzo macinata
- 210 gr di pomodori e peperoncini verdi
- ½ cucchiaio di peperoncino in polvere
- ½ cucchiaio di cumino
- 1 cucchiaino di origano
- ½ cucchiaino di aglio in polvere
- ½ cucchiaino di sale

Guarnizione:

- 120 gr di cheddar a listarelle
- 30 gr di cipollina tritata

Procedimento:

Per le patatine:

1. Mettete a bollire una pentola d'acqua, aggiungete le patate e cuocete a fuoco lento per 12-15 minuti.

2. Quando si sono ammorbidite, toglietele dall'acqua.

3. Preriscaldate la friggitrice ad aria a 200°C per 2-3 minuti. Ungete il cestello.

4. Mettete in una ciotola le patate e l'olio d'oliva, l'aglio in polvere, il cumino e il sale. Ricopritele bene.

Per una friggitrice ad aria con forno:

1. Spostate le patatine fritte in un unico strato su 2 griglie. Posizionate le due griglie all'interno della friggitrice ad aria. Cuocete per 10 minuti. Alternate le griglie e infornate per altri 10-15 minuti, finché le patatine non sono dorate.

Per una friggitrice ad aria con cestello:

1. Potreste dover lavorare in 2 round. Disponete le patatine fritte nel cestello, in un unico strato, poi infornate per 20-25 minuti.

2. Rimuovete le griglie o il cestello dalla friggitrice ad aria quando le patatine sono cotte e regolate di nuovo la temperatura a 200°C.

Topping al peperoncino:

1. Preparate il manzo piccante. Riscaldate l'olio in una pentola a fuoco medio.

2. Incorporate la carne macinata. Aumentate leggermente la fiamma. Cuocete per circa 10 minuti fino a doratura.

3. Mettete gli altri ingredienti per il topping nella pentola e mescolate. Cuocete per 5 minuti.

4. Mescolate e cuocete per 5-10 minuti.

Assemblaggio:

1. Spostate le patatine fritte in una teglia che si adatti alla friggitrice.

2. Versate il compost piccante su di esse e cospargete col formaggio cheddar.

3. Mettete la teglia in friggitrice per 2-3 minuti, fino a quando si scioglie il formaggio. Per servire, guarnite con la cipollina tritata.

23. Cheeseburger a basso contenuto di carboidrati

Tempo di preparazione: 45 min | Dosi per: 9 persone | Difficoltà: facile

Per porzione: Kcal: 479, Grassi: 35g, Carboidrati netti: 2g, Proteine: 36g.

Ingredienti:

Primo strato:

- 1 cucchiaio di olio di avocado
- 1 cavolo (da far diventare riso)
- ½ cucchiaino di sale
- 85 gr di cheddar a listarelle
- 60 ml di panna

Carne:

- 900 gr di carne macinata
- 2 cucchiaini di sale
- ½ cucchiaino di pepe

Per guarnire:

- 120 gr di ketchup senza zucchero
- 2 cucchiai di senape
- 85 gr di cheddar a listarelle

Procedimento:

1. Usate un robot da cucina per cuocere il cavolfiore.

2. Scaldate una padella con l'olio a fuoco medio alto. Aggiungete il riso di cavolfiore e il sale. Saltate in padella per circa 7-10 minuti fino a quando il cavolfiore è fritto e un po' traslucido.

3. Togliete dal fuoco. Incorporate la panna e il formaggio cheddar.

4. Spostate il tutto in una teglia e stendetelo uniformemente.

5. Preriscaldate il forno a 200°C.

6. Pulite la padella per eliminare eventuali pezzetti di cavolfiore e mettete la carne macinata. Condite con pepe e sale. Rosolate la carne macinata per circa dieci minuti fino a doratura. Scolate se necessario.

7. Nella teglia, spargete uniformemente la carne macinata sul cavolfiore.

8. Versate il ketchup, la senape e il formaggio.

9. Cuocete per 10 minuti finché non si scioglie il formaggio.

Agnello

24. Costolette di agnello al forno con salsa al curry

Tempo di preparazione: 45 min | Dosi per: 4 persone | Difficoltà: media

Per porzione: Kcal: 251, Grassi: 11g, Carboidrati netti: 8g, Proteine: 27g.

Ingredienti:

- 2 costolette di agnello
- 1 cucchiaino di burro chiarificato fuso o olio d'oliva
- Sale e pepe q. b
- 1-2 cucchiaini di garam masala

Salsa al curry Indiana:

- 15 gr di burro chiarificato
- 1 scalogno tritato
- 3 spicchi d'aglio tritati
- 1 cucchiaio di zenzero tritato
- ½ cucchiaino di curcuma
- ½ cucchiaino di semi di finocchio
- ½ cucchiaino di semi di senape
- 300 gr di pomodori a dadini
- 370 ml di latte di cocco
- 1 cucchiaino di sale
- 1 cucchiaino di zucchero di canna o miele
- coriandolo, fiocchi di peperoncino di Aleppo, semi di finocchio tostati per guarnire

Procedimento:

1. Preriscaldate il forno a 220°C.

2. Tagliate il grasso in eccesso e asciugate l'agnello. Strofinate con olio d'oliva o burro chiarificato. Cospargete la miscela di sale, pepe e garam masala su entrambi i lati (o usate il curry

indiano in polvere) e mettete il tutto in una teglia. Mettete da parte.

3. Preparate il curry. Sciogliete il burro chiarificato a fuoco basso in una pentola. Aggiungete lo scalogno, lo zenzero e l'aglio e mescolate per circa 3-4 minuti fino a doratura. Aggiungete la curcuma, i semi di finocchio e i semi di senape e riprendete la cottura, mescolando per un altro minuto.

4. Incorporate i pomodori. Continuate a cuocere e mescolare per altri 5 minuti. Aggiungete il latte di cocco, il sale e lo zucchero.

5. Mescolate e aggiustate di sale, se necessario.

6. Portate a bollore, abbassate la fiamma, e lasciate cuocere a fuoco lento.

7. Mettete l'agnello in forno, arrostite per 10 minuti, girate, cuocete per altri dieci minuti, poi giratelo di nuovo e cuocete per qualche minuto se si desidera una crosta croccante. Fate attenzione a non bruciarlo.

8. Togliete l'agnello dal forno. Lasciate riposare per 5-10 minuti, poi affettatelo e impiattatelo sulla salsa al curry.

9. Spolverate con del coriandolo fresco, semi di finocchio tostati e fiocchi di peperoncino (il peperoncino di Aleppo è il migliore), se preferite.

10. Nota: i vegetariani potrebbero servire la salsa al curry su verdure arrostite o tofu al forno.

25. Costolette di agnello alla griglia con chermoula

Tempo di preparazione: 70 min | Dosi per: 4 persone | Difficoltà: media

Per porzione: Kcal: 519, Grassi: 43g, Carboidrati netti: 1.5g, Proteine: 31g.

Ingredienti:

- 8 pezzi di lombata di agnello
- 1 cucchiaino di olio d'oliva
- 2 cucchiai di miscela di spezie Ras el Hanout
- Sale q. b

Per la chermoula:

- 2 cucchiai di menta fresca tritata
- 4 cucchiai di prezzemolo tritato
- 2 cucchiai di scorza di limone
- 3 spicchi d'aglio tritati
- ½ cucchiaino di paprika affumicata
- 1 cucchiaino di fiocchi di peperoncino
- 60 ml di olio d'oliva
- 2 cucchiai di succo di limone
- Sale e pepe q. b

Procedimento:

1. Usate l'olio d'oliva per cuocere l'agnello e coprite generosamente di sale. Condite con sale, pepe e un po' di cumino. Preriscaldate la griglia e grigliate per circa 2 minuti per lato per una cottura media. Lasciate riposare la carne per qualche minuto prima di mangiarla.

Per la chermoula:

1. Unite tutti gli ingredienti per la chermoula in un robot da cucina o mixer e frullate fino a ottenere una consistenza simile al pesto. Non mescolate troppo: non dovrebbe essere liquefatto completamente.

2. Servite le costolette di agnello con la chermoula e la scorza di limone. È perfetto con asparagi alla griglia o purè di cavolfiore a parte.

Capitolo 5. Pesce e frutti di mare

Pesce

26. Stufato di tonno e broccoli

Tempo di preparazione: 45 min | Dosi per: 4 persone | Difficoltà: facile

Per porzione: Kcal: 510, Grassi: 42g, Carboidrati netti: 6g, Proteine: 23g.

Ingredienti:

- 1 scatoletta di tonno alalunga intero
- 425 gr di cimette di broccoli
- 410 gr di cheddar a listarelle
- 135 gr di piselli surgelati
- 100 gr di condimento ranch
- 25 gr di parmigiano grattugiato

Procedimento:

1. Preriscaldate il forno a 190°C. Preparate una teglia da 20x20.

2. Tagliate i broccoli in cimette più piccole. Coprite e mettete nel microonde i broccoli per

circa 5 minuti. Scolateli su carta assorbente e cuoceteli a vapore.

3. Scolate il tonno. Usando una forchetta, dividete il tonno in parti uguali.

4. Aggiungete i broccoli, tonno, piselli, condimento ranch e metà del cheddar. Mescolate tutto e amalgamate bene.

5. Cospargete col resto del formaggio.

6. Cuocete a 190°C per circa 25 minuti, finché il formaggio diventa dorato. Lasciate riposare per cinque minuti prima di tagliarlo e servir.

27. Fish & chips di zucchine

Tempo di preparazione: 45 min | Dosi per: 2 persone | Difficoltà: facile

Per porzione: Kcal: 884, Grassi: 70g, Carboidrati: 15g, Proteine: 51g.

Ingredienti:

Per le patatine:

- ½ cucchiaio di olio d'oliva
- 1 zucchina media

- Sale e pepe q. b

Per il pesce:

- 340 gr di merluzzo
- 1 uovo
- Olio per friggere
- 50 gr di farina di mandorle
- Un pizzico di cipolla in polvere
- ½ cucchiaino di paprika in polvere
- 40 gr di parmigiano grattugiato
- Sale e pepe q. b

Salsa:

- 2 cucchiai di salsa di aneto sottaceto
- Una punta di curry in polvere
- 115 gr di maionese

Procedimento:

1. Per la salsa: mescolate tutti gli ingredienti della salsa in un piatto. Mettete da parte quando si è amalgamato correttamente.

2. Foderate una teglia con della carta forno e preriscaldate il forno a 200°C. Create delle bacchette

sottili di zucchine, spennellatele con olio e mettetele nella teglia. Aggiungete un cucchiaio di pepe e sale. Cuocete fino a quando le zucchine diventano dorate, per circa 30 minuti.

3. Rompete l'uovo in una ciotola mentre cuocete le zucchine e sbattete energicamente.

4. Unite il parmigiano, la farina di mandorle e le spezie rimanenti su un piatto a parte.

5. Tagliate il pesce a bocconcini. Arrotolateli su uno strato di farina. Immergete nelle uova sbattute e aggiungete abbastanza farina per ricoprire completamente i pezzetti.

6. Mettete una pentola profonda sul fuoco a circa 180°C. Riscaldate l'olio per un po', poi friggete il pesce su entrambi i lati per tre minuti. Quando diventa dorato, togliete dal fuoco ma assicuratevi che il pesce sia cotto.

7. Servite con le patate fritte di zucchine al forno e la salsa tartara e mettete il tutto in un piatto da portata. Potete comunque usare qualsiasi altra salsa di vostro gradimento.

Frutti di mare

28. Noodle di zucchine e scampi

Tempo di preparazione: 30 min | Dosi per: 4 persone | Difficoltà: facile

Per porzione: Kcal: 358, Grassi: 20g, Carboidrati: 11g, Proteine: 32g.

Ingredienti:

Scampi

- 450 gr di gamberi sgusciati
- 30 gr di burro
- 3 spicchi d'aglio tritati
- 55 ml di succo di limone
- 60 ml di vino bianco o brodo di pollo
- Un pizzico di fiocchi di peperoncino
- 2 cipolline a fette
- 4 cucchiai di prezzemolo tritato
- 30 gr di burro

Noodle di zucchine

- 670 gr di zucchine fatte a spaghetti
- 30 gr di burro

Condimento

- 40 gr di parmigiano grattugiato
- 4 fette di pancetta sbriciolata
- 170 gr di pomodorini tagliati a metà

Procedimento:

1. Pelate e sgusciate i gamberetti. Tagliate l'aglio e il prezzemolo, tagliate a metà i pomodori, affettate lo scalogno e sbriciolate la pancetta. Fate gli spaghetti di zucchine.

2. Gamberetti: mettete a scaldare a fuoco medio una padella (io ho usato antiaderente). Aggiungete i 2 cucchiai di burro quando è caldo, inclinando la padella per sciogliere il burro e coprendo il bordo della padella. Aggiungete l'aglio e rosolate. Mettete i gamberi nella padella e cuocete finché la metà inferiore dei gamberetti diventa gialla. Girate ogni gambero e aggiungete i fiocchi di peperone rosso con un paio di pinze.

3. Quando i gamberi sembrano quasi cotti, aggiungete il succo di limone e poi il vino. Cuocete fino a ridurre al minimo il liquido.

Spegnete il fuoco e aggiungete i restanti 2 cucchiaini di burro, prezzemolo e scalogno, mescolando accuratamente per amalgamare. Condite con sale e pepe.

4. Zucchine: scaldate la stessa padella a fuoco medio. Aggiungete i restanti 2 cucchiai di burro quando è ben caldo e rosolate le zucchine fino a renderle morbide e croccanti. Applicate spesso 1-2 cucchiaini di acqua o brodo per renderlo un po' fumante. Condite con sale e pepe.

5. Aggiungete le zucchine al parmigiano e mescolate. Aggiungete le zucchine, i gamberi e la salsa, la pancetta e i pomodori e mescolate. Volendo, potete servire con spicchi di limone, con formaggio e scaglie di peperoncino.

29. Gamberetti bang bang con insalata di cavolo orientale

Tempo di preparazione: 30 min | Dosi per: 5 persone | Difficoltà: facile

Per porzione: Kcal: 363, Grassi: 26g, Carboidrati netti: 6g, Proteine: 22g.

Ingredienti:

Per l'insalata di cavolo:

- 540 gr di cavolo napa a listarelle
- 50 gr di scalogno tritato
- 50 gr di coriandolo tritato
- 30 gr di ravanelli a fettine o a scaglie

Per la salsa:

- 75 gr di maionese
- 1 cucchiaio di peperoncino tritato
- 1 cucchiaio e 1/2 di salsa piccante (sriracha)
- 2 cucchiai di sostituto dello zucchero, granulare
- 2 cucchiai di aceto di vino di riso

- 1 cucchiaino di salsa di pesce
- Una punta di aglio in polvere

Per i gamberi:

- 1 uovo
- 1 cucchiaino di salsa piccante (sriracha)
- 450 gr di gamberetti sgusciati
- 55 gr di farina di cocco
- ½ cucchiaino di sale
- Una punta di pepe di caienna
- ½ cucchiaino di zenzero macinato
- Una punta di aglio in polvere
- Olio di avocado per friggere

Procedimento:

1. Per prima cosa, dovete preparare l'insalata di cavolo e la salsa. I gamberetti croccanti e caldi creano un buon contrasto con l'insalata di cavolo e la salsa.

Per l'insalata di cavolo:

1. Usate una miscela preconfezionata e aggiungete solo un po' di coriandolo e scalogno per un tocco asiatico o mescolate tutti gli ingredienti menzionati e metteteli su un piatto largo o un vassoio.

Per la salsa:

1. Unite tutti gli ingredienti in un mixer e mescolate fino ad ottenere un impasto omogeneo. Mettete in frigorifero fino al momento di servire.

Per i gamberi:

1. Sbattete l'uovo e la salsa sriracha in una piccola ciotola. Unite la farina di cocco, il sale, il pepe di Caienna, lo zenzero e l'aglio in polvere in un'altra piccola ciotola e mescolate. Risciacquate i gamberi e asciugateli. Aggiungete i gamberetti al composto di uova, poi aggiungete la farina di cocco condita e ricoprite i gamberi. Scaldate l'olio in una padella di medie dimensioni finché non sfrigola. Cuocete i gamberi ricoperti fino a quando non diventano dorati e solidi. Dovrebbero volerci solo 2 minuti circa se l'olio è caldo. Passate un foglio di carta assorbente sui gamberetti fritti. Mettete i gamberi caldi sull'insalata di cavolo e condite con la salsa. Servite subito.

Capitolo 6. Ricette vegetariane

30. Torta di avocado

Tempo di preparazione: 1 h e 5 min | Dosi per: 4 persone | Difficoltà: media

Per porzione: Kcal: 1130, Grassi: 107g, Carboidrati netti: 9g, Proteine: 26g.

Ingredienti:

Per l'impasto:

- 70 gr di farina di mandorle
- 35 gr di semi di sesamo
- 30 gr di farina di cocco
- 1 cucchiaio di polvere di buccia di psillio macinata
- 1 cucchiaino di lievito in polvere
- Un pizzico di sale
- 3 cucchiai di olio d'oliva o di cocco
- 1 uovo
- 60 ml di acqua

Ripieno:

- 2 avocado
- 230 gr di maionese
- 3 uova
- 2 cucchiai di coriandolo fresco tritato
- 1 peperoncino tritato
- ½ cucchiaino di cipolla in polvere
- Un pizzico di sale
- 115 gr di crema di formaggio
- 140 gr di formaggio a listarelle

Procedimento:

1. Preriscaldate il forno a 175°C. Mescolate tutti gli ingredienti per l'impasto in un robot da cucina per un paio di minuti fino ad ottenere una palla. Impastate gli ingredienti insieme in una ciotola con una forchetta o con la punta delle dita, se non si dispone di un robot da cucina.

2. Foderate una teglia a cerniera da 26 cm con della carta da forno. Ungete la carta e la teglia.

3. Stendete l'impasto nella teglia. Usando una spatola oliata, o le dita. Cuocete la crosta per 10-15 minuti.

4. Dividete l'avocado. Rimuovete il nocciolo, pelate e tagliate a dadini. Rimuovete i semi dal peperoncino, poi tritatelo finemente. Mettete il peperoncino e l'avocado in una ciotola e uniteli agli altri ingredienti.

5. Versate la miscela nella crosta della torta. Cuocete per 35 minuti o fino a doratura. Lasciate raffreddare per un paio di minuti, poi servite con insalata verde.

31. Insalata di formaggio di capra con burro balsamico

Tempo di preparazione: 15 min | Dosi per: 2 persone | Difficoltà: facile

Per porzione: Kcal: 824, Grassi: 73g, Carboidrati netti: 3g, Proteine: 37g.

Ingredienti:

- 280 gr di formaggio di capra
- 30 gr di semi di zucca

- 55 gr di burro
- 1 cucchiaio di aceto balsamico
- 85 gr di spinaci novelli

Procedimento:

1. Preriscaldate il forno a 200°C.

2. Mettete il formaggio di capra in una teglia unta e cuocete per 10 minuti in forno.

3. Mentre il formaggio di capra è nel forno, tostate i semi di zucca in una padella prima che prendano un po' di colore e inizino a scoppiettare.

4. Abbassate la fiamma, aggiungete il burro e lasciate cuocere fino a quando non diventano di colore marrone dorato e una buona fragranza di nocciola. Aggiungete l'aceto balsamico e lasciate bollire per altri pochi minuti. Spegnete.

5. Disponete su un piatto gli spinaci. Mettete sopra il formaggio e aggiungete il burro balsamico.

32. Torta al formaggio con funghi gallinacci

Tempo di preparazione: 45 min | Dosi per: 4 persone | Difficoltà: media

Per porzione: Kcal: 938, Grassi: 84g, Carboidrati netti: 9g, Proteine: 33g.

Ingredienti:

Per l'impasto:

- 110 gr di farina di mandorle
- 4 cucchiai e ½ di semi di sesamo
- 40 gr di farina di cocco
- 1 cucchiaio di polvere di buccia di psillio macinata
- 1 cucchiaino di lievito in polvere
- ½ cucchiaino di sale
- 1 uovo
- 60 ml di acqua
- 2 cucchiai di olio d'oliva

Ripieno:

- 280 gr di funghi gallinacci
- 55 gr di burro (per friggere)
- 1 cucchiaino di timo essiccato
- Sale e pepe q. b
- 4 uova
- 320 ml di panna
- 140 gr di parmigiano

Procedimento:

1. Preriscaldate il forno a 185°C.

2. Mescolate tutti gli ingredienti per l'impasto in un robot da cucina per 1-2 minuti, fino a ottenere un impasto compatto. Impastate gli ingredienti in una ciotola usando una forchetta o la punta delle dita, se non avete un robot da cucina. Lasciate riposare 5-10 minuti in frigorifero.

3. Stendete l'impasto tra due fogli di carta forno. Potete anche stendere l'impasto direttamente in una teglia a cerniera usando le mani ben oliate o una spatola.

4. Pulite i funghi e cuoceteli fino a renderli croccanti nel burro. Guarnite con timo, sale e

pepe. Sbattete insieme gli ingredienti rimanenti, poi versateli sulla crosta della torta.

5. Conservate quelli più belli per la decorazione. Cuocete per 30 minuti o fino a quando la torta non avrà un bel colore dorato. Prima di servire, lasciate raffreddare per qualche minuto.

33. Carciofi con burro al limone

Tempo di preparazione: 45 min | Dosi per: 4 persone | Difficoltà: media

Per porzione: Kcal: 393, Grassi: 41g, Carboidrati netti: 4g, Proteine: 3g.

Ingredienti:

- 200 gr di burro
- Succo e scorza di ½ limone
- Sale e pepe q. b
- 2 carciofi freschi
- ½ limone
- 1 cucchiaio di sale

Procedimento:

1. Togliete la parte spinosa dei petali di carciofo e privateli del picciolo. Se il carciofo è grande, potete tagliarlo a metà per una cottura più rapida.

2. Lessateli con mezzo limone in acqua salata fino a quando diventano teneri, circa 30-40 minuti.

3. Sciogliete 50 gr di burro, in una pentola o nel microonde, mentre il carciofo cuoce, poi tagliate il resto a pezzi. Versate il burro fuso in una ciotola ancora caldo e aggiungete un paio di cubetti di burro alla volta mescolando con uno sbattitore a mano.

4. Sbattete fino a ottenere un burro soffice.

5. Aggiungete la scorza di limone e il succo e sbattete ancora un po'.

6. Condite con sale e pepe. Se necessario, aggiungete altro limone.

7. Servite ben caldi i carciofi. Iniziate dall'esterno, tagliate i petali e immergeteli nel burro al limone.

Capitolo 7. Zuppe, stufati e insalate

Zuppe

34. Zuppa di zucca

Tempo di preparazione: 45 min | Dosi per: 4 persone | Difficoltà: facile

Per porzione: Kcal: 864, Grassi: 88g, Carboidrati netti: 14g, Proteine: 6g.

Ingredienti:

Zuppa di zucca:

- 2 scalogni
- 2 spicchi d'aglio
- 300 gr di zucca
- 300 gr di rapa svedese
- 2 cucchiai di olio d'oliva
- 1 cucchiaino di sale
- ½ cucchiaino di pepe macinato
- 475 ml di brodo vegetale
- 225 gr di burro

- Succo di ½ lime

Per guarnire:

- 170 gr di maionese
- 4 cucchiai di semi di zucca tostati

Procedimento:

1. Preriscaldate il forno a 200°C. Pelate la zucca e tagliate a cubetti la polpa. Fate lo stesso con la rapa svedese. Pelate lo scalogno e tagliatelo a spicchi. Pelate gli spicchi d'aglio.

2. Mettete il tutto in una pirofila. Condite con olio d'oliva, sale e pepe.

3. Cuocete per 25-30 minuti in forno. Potete anche friggere in una padella a fuoco medio, in alternativa, fino a quando la zucca e la rapa non saranno morbide.

4. Mettete le verdure arrostite in una pentola. Aggiungete l'acqua, poi portate a ebollizione. Lasciate cuocere a fuoco lento per qualche minuto. Togliete dal fornello.

5. Aggiungete il burro tagliato a cubetti. Usate un frullatore a immersione per mescolare la

zuppa. Guarnite con succo di lime, erbe aromatiche, sale e pepe.

6. Servite la zuppa con maionese, i semi di zucca tostati o deliziosi crostini di pane con il parmigiano.

35. Gazpacho di avocado e cetriolo

Tempo di preparazione: 15 min | Dosi per: 6 persone | Difficoltà: facile

Per porzione: Kcal: 95, Grassi: 6.3g, Carboidrati: 8.34g, Proteine: 1.67g.

Ingredienti:

- 2 cetrioli medi tritati
- 1 jalapeno tritato
- 1 avocado e ½ tritato
- 1 mazzetto di coriandolo/basilico tritato
- 60 ml di aceto di mele
- 2 spicchi d'aglio tritati
- 1 cucchiaino di sale
- ½ cucchiaio di pepe
- 360 ml di acqua

Procedimento:

1. Unite avocado, cetrioli, jalapeño, coriandolo, aglio, aceto, sale e pepe in un mixer o in un robot da cucina. Mescolate fino a ottenere un composto omogeneo.

2. Aggiungete 240 ml di acqua e mescolate bene, aggiungete altra acqua per diluire a piacere. Aggiungete sale e pepe.

Stufati

36. Stufato di manzo alla borgognona-basso contenuto di carboidrati

Tempo di preparazione: 60 min | Dosi per: 6 persone | Difficoltà: media

Per porzione: Kcal: 324, Grassi: 18g, Carboidrati netti: 5g, Proteine: 28g.

Ingredienti:

- 4 fette di pancetta affettata in lungo
- 680 gr di spezzatino di manzo a cubetti
- 110 gr di cipolla
- 2 gambi di sedano
- 225 gr di funghi sminuzzati
- 1 spicchio d'aglio tritato
- ½ cucchiaino di gomma di xantano
- 240 ml di vino rosso di borgogna secco
- 200 ml di brodo di manzo

- 2 cucchiai di concentrato di pomodoro
- ½ cucchiaino di timo secco
- 1 foglia di alloro
- ½ cucchiaino di sale
- Un pizzico di pepe
- 1 cucchiaio di prezzemolo tritato

Procedimento:

Procedimento per la instant pot:

1. Scegliete l'impostazione "rosolare". Quando compaiono le indicazioni per "caldo" aggiungete la pancetta. Cuocete la pancetta fino a renderla croccante, mescolando di tanto in tanto. Mettetela su un foglio di carta assorbente. Non gettate il grasso dalla pancetta.

2. Aggiungete metà dei pezzi di manzo nella instant pot. Cospargete di pepe e sale, prima di girare, lasciate dorare il primo lato. Una volta dorati tutti i lati, metteteli in un piatto. Ripetete il procedimento per il resto della carne. Quando l'instant pot si spegne durante questo processo, impostate di nuovo per soffriggere.

3. Scartate dalla pentola tutto tranne 1 cucchiaio di sgocciolatura. Continuate a soffriggere, aggiungete la cipolla e il sedano nella pentola. Lasciate cuocere finché non inizia ad ammorbidirsi. Aggiungete i funghi. Cuocete le verdure fino a quando i funghi iniziano ad ammorbidirsi. Poi aggiungete l'aglio e cuocete per un minuto. Mettete il tutto in un piatto.

4. Se nella pentola non è rimasto olio, aggiungete un cucchiaino. Aggiungete la gomma di xantano. Mescolate per distribuire l'olio. Aggiungete il vino e mescolate. Portate a ebollizione e cuocete fino a quando il vino inizia ad addensarsi. Aggiungete il brodo di manzo, il concentrato di pomodoro, la foglia di alloro e il timo. Portate a ebollizione. Lasciate cuocere a fuoco lento fino a quando il brodo non si sarà addensato. Rimettete i pezzi di manzo rosolati nelle verdure e la pancetta nella pentola. Aggiungete sale e pepe.

5. Coprite la pentola con "sigillatura". Scegliete la funzione carne/stufato e premete i pulsanti + / - per regolare il tempo a 30 minuti. Utilizzate il metodo di rilascio rapido (vedere il manuale di istruzioni della pentola istantanea) per sfiatare la pentola istantanea quando la cottura è terminata. Premete Annulla. Assicuratevi di abbassare la valvola a galleggiante prima di aprire il coperchio.

6. Condite, assaggiate e aggiustate, se necessario. Rimuovete la foglia di alloro prima di servire e spolverate con il prezzemolo.

Insalate

37. Insalata di pollo, pancetta e pomodori

Tempo di preparazione: 35 min | Dosi per: 4 persone | Difficoltà: facile

Per porzione: Kcal: 837, Grassi: 78g, Carboidrati netti: 4g, Proteine: 28g.

Ingredienti:

Maionese all'aglio

- 170 gr di maionese
- ½ cucchiaio di aglio in polvere

Insalata:

- 225 gr di pancetta
- 30 gr di burro
- 450 gr di cosce di pollo disossate e senza pelle
- Sale e pepe q. b

- 280 gr di lattuga romana
- 110 gr di pomodorini

Procedimento:

1. In una piccola ciotola, mescolate la maionese e l'aglio in polvere e mettete da parte.

2. Friggete le fette di pancetta nel burro fino a renderle croccanti. Toglietele dal fuoco e tenete in caldo. Tenete la padella.

3. Aggiungete sale e pepe al pollo e poi tagliate ogni coscia in tre parti. Friggete fino a doratura nella stessa padella della pancetta e cuocete accuratamente.

4. Sciacquate e tritate la lattuga.

5. Mettete la lattuga con il pollo, la pancetta, i pomodori e la maionese all'aglio su un piatto e servite.

38. Insalata di manzo con mozzarella e pomodoro

Tempo di preparazione: 30 min | Dosi per: 6 persone | Difficoltà: media

Per porzione: Kcal: 784, Grassi: 66g, Carboidrati netti: 3g, Proteine: 43g.

Ingredienti:

Carne

- 900 gr di bistecca di manzo
- 2 cucchiai di olio d'oliva
- 1 spicchio d'aglio tritato
- Sale e pepe q. b

Insalata

- 310 gr di pomodorini a metà
- 155 gr di verdure miste
- 310 gr di bocconcini di mozzarella

Condimento

- 30 gr di prezzemolo

- 15 gr di basilico fresco
- 7 gr di origano fresco
- 180 ml di olio d’oliva
- 2 cucchiai di aceto di mele
- 1 cucchiaio di senape dijon
- ½ cucchiaino di sale
- Un pizzico di pepe

Procedimento:

Carne

1. Preriscaldate una padella a fuoco medio alto.

2. Condite con sale e pepe la bistecca. In una piccola ciotola, unite l'olio d'oliva e l'aglio e poi spennellate tutti i lati della bistecca.

3. Rosolate la bistecca 3-4 minuti per lato, a seconda dello spessore del filetto.

4. Togliete dal fuoco e coprite con un foglio di carta stagnola. Lasciate riposare 5 minuti.

Insalata

1. Mettete le verdure miste in una grande ciotola da portata, guarnite con i pomodorini e i bocconcini di mozzarella (interi o a metà). Mescolate bene.

Condimento

1. Mescolate gli ingredienti del condimento sopra. Versate in un'oliera, per servire.

2. Affettate sottilmente la carne di manzo e aggiungetela agli altri ingredienti dell'insalata.

3. Terminate con un po' di pepe appena tritato e un filo di condimento.

39. Insalata di Brie e tacchino

Tempo di preparazione: 5 min | Dosi per: 1 persona | Difficoltà: facile

Per porzione: Kcal: 497, Grassi: 40g, Carboidrati netti: 6g, Proteine: 25g.

Ingredienti:

- 30 gr di foglie di lattuga
- 85 gr di tacchino a fette
- 30 gr di formaggio Brie
- 55 gr di avocado
- 40 gr di pomodori
- 15 gr di cipollina finemente affettata
- 2 cucchiai di maionese
- Sale e pepe q. b

Procedimento:

1. Disponete due foglie di lattuga, sovrapponendole per formare la base. Distribuite sulle foglie la metà della maionese.

2. Impilate il brie sulla base di foglie di lattuga con le fette di tacchino, avocado e pomodoro.

3. Condite con il resto della maionese e cospargete lo scalogno. Salate e pepate a piacere e adagiatevi sopra le altre due foglie di lattuga per chiudere il "panino".

Capitolo 8. Brunch & cena

Brunch

40. Burro di cocco e matcha

Tempo di preparazione: 10 min | Dosi per: 16 persone | Difficoltà: facile

Per porzione: Kcal 111, Grassi: 11g, Carboidrati netti: 4g, Proteine: 1g.

Ingredienti:

- 180 gr di cocco grattugiato
- 2 cucchiaini di matcha in polvere
- 1 cucchiaio di olio di cocco

Procedimento:

1. Trasferite il cocco grattugiato in un mixer e frullate per 5-10 minuti a un numero di giri medio alto o fino a quando la consistenza è liscia e liquida. Se non dovesse sciogliersi, aggiungete un filo di olio MCT e frullate.

2. Unite l'olio e la matcha in polvere e frullate per 1 minuto.

3. Conservate il burro in un barattolo di vetro per un massimo di due settimane (il burro può solidificarsi).

41. Crema alla vaniglia e cocco

Tempo di preparazione: 5 min | Dosi per: 22 persone | Difficoltà: facile

Per porzione: Kcal 186, Grassi: 18.3g, Carboidrati netti: 8.1g, Proteine: 1.4g.

Ingredienti:

- 270 gr di burro di cocco
- 1/2 panetto di burro
- 5 cucchiai di lecitina di girasole in polvere
- 4 cucchiai di xilitolo di betulla
- 960 ml di acqua calda
- 3 cucchiaini di estratto di vaniglia
- 2 cucchiaini di aceto di mele
- Un pizzico di sale

Procedimento:

1. Mescolate metà dell'acqua e tutto il burro in un frullatore fino a ottenere un composto omogeneo.

2. Aggiungete il resto degli ingredienti.

3. Mescolate bene prima che la salsa alla vaniglia raggiunga un aspetto ultra cremoso.

4. Assaggiate e applicate più vaniglia o xilitolo se lo desiderate.

5. Conservate in frigo in una teglia di vetro. Inizialmente la salsa è liquida, poi si indurirà durante la notte. Se necessario, rimescolate di nuovo dopo il raffreddamento se notate dei grumi.

42. Burro chiarificato arancione

Tempo di preparazione: 2 h e 10 min | Dosi per: 10 persone | Difficoltà: facile

Per porzione: Kcal 108, Grassi: 12g, Carboidrati netti: 0g, Proteine: 0g.

Ingredienti:

- 120 gr di burro chiarificato

- 2 cucchiai di aneto fresco
- 2 cucchiai di scorza di arancia
- 1 cucchiaino di sale

Procedimento:

1. Mettete 120 ml di acqua in un piccolo bollitore e portate a ebollizione.

2. Applicate burro chiarificato in un barattolo di vetro e avvitate saldamente il tappo.

3. Mettete il barattolo di vetro nella pentola; assicuratevi che non si ribalti o venga sommerso.

4. Lasciatelo sciogliere a bagnomaria.

5. Aggiungete gli ingredienti rimanenti al burro chiarificato, poi togliete il tutto con cautela dalla pentola.

6. Lasciate raffreddare il burro prima che si solidifichi.

7. Mettetelo in frigo e conservatelo per un Massimo di 2 settimane.

Cena

43. Zuppa di zucca con burro d'arachidi con la Instant pot

Tempo di preparazione: 60 min | Dosi per: 4 persone | Difficoltà: facile

Per porzione: Kcal 466.3, Grassi: 35g, Carboidrati netti: 35g, Proteine: 8g.

Ingredienti:

- 1 cucchiaio e ½ di olio di cocco
- 1 cipolla grande
- 63 gr di concentrato di curry
- Un pezzo di zenzero da 4 cm
- 4 spicchi d'aglio
- 960 ml di brodo vegetale
- 1 zucca (squash) media
- 380 ml di latte di cocco
- 60 gr di burro d'arachidi
- 1 cucchiaio di salsa tamari (piccante)

- 1 cucchiaio di sciroppo d'acero
- 1 cucchiaino di sale
- 3 cucchiaini di succo di limone
- 8 gr di coriandolo
- Yogurt al cocco

Procedimento:

1. Scegliete la configurazione della salsa sulla pentola istantanea, poi applicate l'olio di cocco dopo pochi minuti. Quando l'olio è denso, aggiungete la cipolla con un pizzico di sale e cuocete per 6-7 minuti prima che inizi a sfrigolare. Applicate pasta di curry, zenzero e aglio; cuocete a fuoco lento per circa 1 minuto, mescolando continuamente, fino a quando non

è molto profumato.

2. Aggiungete il brodo e rimuovete alcuni pezzi dorati sul fondo della pentola con un cucchiaio di legno. Unite il latte di cocco, la zucca, il burro di anacardi, la salsa tamari, il sale e lo sciroppo d'acero. Mescolate bene.

3. Bloccate il coperchio e regolare la pressione di rilascio. Scegliete la configurazione zuppa ad alta pressione e impostate il tempo di cottura su 12 min.

4. Se il timer si spegne, abilitate per 5 minuti il normale rilascio della pressione, poi eseguite un rapido rilascio della pressione.

5. Aprite il coperchio e versate il succo di limone. Mescolate, così avrete una salsa deliziosa, utilizzando un mixer elettrico.

6. Incorporate il coriandolo tritato, fino a quando il brodo non sarà ridotto in purea. Marinate con yogurt al cocco, scalogno, arachidi e semi di sesamo se lo desiderate.

44. Salmone teriyaki

Tempo di preparazione: 30 min | Dosi per: 4 persone | Difficoltà: facile

Per porzione: Kcal 240, Grassi: 8.5g, Carboidrati netti: 11g, Proteine: 31g.

Ingredienti:

- 4 filetti di salmone
- 450 gr di fagiolini

- 2 carote
- 165 gr di salsa teriyaki
- 2 cucchiai di olio d'oliva
- Sale e pepe q. b
- 2 cipollotti
- 1/2 cucchiaino di semi di sesamo

Procedimento:

1. Preriscaldate il forno a 200°C. Ungete una teglia con dello staccante.

2. Mettete il salmone, i fagiolini e le carote sulla teglia preparata.

3. Versate un cucchiaio di salsa teriyaki sul salmone.

4. Condite i fagiolini e carote con olio d'oliva, sale e pepe.

5. Infornate e cuocete per circa 16-18 minuti.

6. Guarnite con cipollotto e semi di sesamo, servite.

Capitolo 9. Dessert & drink

Dessert

45. Biscotti al cacao senza cottura

Tempo di preparazione: 12 min | Dosi per: 20 persone | Difficoltà: facile

Per porzione: Kcal 95, Grassi: 13g, Carboidrati netti: 1g, Proteine: 1g.

Ingredienti:

- 235 gr di cocco grattugiato
- 50 gr di farina di mandorle
- 80 ml di olio di cocco
- 170 gr di sciroppo d'acero

Procedimento:

1. Coprite una teglia con della carta da forno e mettetela da parte.

2. Aggiungete tutti gli ingredienti in un frullatore ad alta velocità e frullate finché non si forma un impasto denso.

3. Formate delle palline con entrambe le mani o una paletta per biscotti e mettetele su un piatto o

un vassoio. Premete ogni pallina per formare un biscotto. Congelate per quindici minuti.

46. Torta al cioccolato senza cottura

Tempo di preparazione: 30 min | Dosi per: 12 persone | Difficoltà: facile

Per porzione: Kcal 403, Grassi: 39g, Carboidrati netti: 4g, Proteine: 8g.

Ingredienti:

- 300 ml di panna da montare
- 3 cucchiai di eritritolo
- 200 gr di cioccolato fondente senza zucchero, dolcificato con stevia
- 100 gr di burro
- Un pizzico di sale
- 200 gr di nocciole
- 100 gr di semi di zucca

Procedimento:

1. In una pentola, portate a ebollizione la panna e il dolcificante. Lasciate cuocere a fuoco lento per un paio di minuti fino a quando non diventa cremoso. Spegnete il fuoco.

2. Tagliate il cioccolato e il burro a pezzetti più piccoli e uniteli alla panna calda insieme al sale. Mescolate fino a quando il cioccolato e il burro sono completamente sciolti e amalgamati.

3. In una padella larga, arrostite le nocciole e i semi di zucca fino a che non saranno dorati e fragranti. Tritateli grossolanamente e uniteli quasi completamente al cioccolato e mescolate. Conservatene un po' per la guarnizione.

4. Versate il composto di cioccolato in una teglia a cerniera da 20 cm, preferibilmente ricoperta di carta forno. Premete bene la carta forno per coprire la base della teglia. Cospargete la torta con le noci e i semi rimanenti e un pizzico di sale.

5. Coprite con pellicola e mettete in frigo per circa un'ora o finché il cioccolato non si sarà indurito.

47. Dutch baby (pancake) al pan di zenzero

Tempo di preparazione: 30 min | Dosi per: 6 persone | Difficoltà: facile

Per porzione: Kcal 249, Grassi: 23g, Carboidrati netti: 2g, Proteine: 8g.

Ingredienti:

- 180 ml di panna
- 5 uova
- 55 gr di crema di formaggio
- 1 cucchiaino di estratto di vaniglia
- ½ cucchiaino di estratto d'acero
- 65 gr di eritritolo in polvere
- 2 cucchiai di proteine del siero di latte non aromatizzate

- 1 cucchiaino di lievito in polvere
- Un pizzico di sale
- 1 cucchiaino di zenzero macinato
- ½ cucchiaino di cannella in polvere
- Un pizzico di chiodi di garofano macinati
- 45 gr di burro

Decorazione

- Cannella in polvere
- Eritritolo in polvere, per spolverare
- Panna montata

Procedimento:

1. Preriscaldate il forno a 200°C.
2. Mettete tutti gli ingredienti, tranne il burro, in un frullatore e frullate fino a ottenere un composto omogeneo e cremoso. Frullate per almeno un minuto per aerare la miscela. Mettete da parte.

3. Mettete il burro in una padella resistente al forno da 25 cm e mettetela nel forno. Quando il burro inizia a sfrigolare, togliete la padella dal forno e versate la pastella al centro della padella calda.

4. Cuocete per 12-15 minuti o fino a quando il pancake è gonfio e dorato. Il centro deve essere ben salso o il pancake rischia di crescere in modo sbilenco e si sgonfierà un po' mentre si raffredda.

5. Servite caldo o freddo. Guarnite con un pizzico di cannella, una spolverata di dolcificante in polvere o un ciuffo di panna montata fresca.

Drink

48. Latte al tè verde matcha ghiacciato

Tempo di preparazione: 1 min | Dosi per: 1 persona | Difficoltà: facile

Per porzione: Kcal 36, Grassi: 2.88g, Carboidrati netti: 1g, Proteine: 1.0g.

Ingredienti:

- 240 ml di latte di mandorle alla vaniglia o latte di cocco non zuccherato

- 1 cucchiaio di matcha in polvere
- 5 gocce di stevia alla vaniglia

Procedimento:

1. Mettete tutti gli ingredienti in un frullatore.

2. Mescolate fino a quando la polvere di matcha si è sciolta completamente.

3. Aggiungete del ghiaccio e gustate.

49. Brodo di pollo minerale

Tempo di preparazione: 1 giorno | Dosi per: 1 persona | Difficoltà: facile

Per porzione: Kcal 86, Grassi: 2.88g, Carboidrati netti: 1g, Proteine: 1.06g.

Ingredienti:

- Brodo
- 1 confezione di brodo di pollo
- 2 cipolle piccole
- 1 spicchio d'aglio
- 1 mazzetto di erbe fresche

- 1 cucchiaino di pepe nero in grani
- 1 o 2 foglie di alloro
- 2 cucchiai di sale
- 2 cucchiai di aceto di mele
- 3 lt di acqua

Procedimento:

1. Mettete tutti gli ingredienti del brodo in una pentola capiente e lasciate riposare per un'ora.

2. Cuocete per 8-12 ore a fiamma bassa.

3. Lasciate riposare

4. Separate la carne dalle ossa e filtrate il brodo per un potenziale utilizzo.

5. Lavate bene le erbe.

6. Riscaldate il brodo, ma non fatelo bollire.

7. Mettete la vostra porzione di brodo e una spolverata di erbe in un frullatore e mescolate bene.

8. Filtrate il brodo con un colino.

9. Bevete immediatamente senza riscaldare di nuovo.

50. Drink di aceto di mele con frutti di bosco e limone

Tempo di preparazione: 5 min| Dosi per: 1 persona | Difficoltà: facile

Per porzione: Kcal 9, Grassi: 0.1g, Carboidrati: 0g, Proteine: 0.1g.

Ingredienti:

- 2 cucchiai di frutti di bosco freschi o surgelati
- 1 cucchiaio di aceto di mele
- 1 cucchiaio di succo di limone
- ghiaccio
- acqua

Procedimento:

1. Mettete i frutti di bosco sul fondo della tazza. Se volete, aggiungete del dolcificante. Pestate il dolcificante e le bacche con il dorso del cucchiaio.

2. Unite il succo di limone e l'aceto di mele. Coprite la tazza con ghiaccio e aggiungete altra acqua per riempire la tazza vuota. Rilassatevi e gustate.

Conclusione

La dieta chetogenica standard è la più comune. Limita la quantità di carboidrati da consumare a circa 50 grammi al giorno. Ciò rappresenta il 10% delle calorie totali da consumare al giorno. Il resto è diviso tra il 20% di proteine e il 70% di grassi. Sì, 70% di grassi.

Tra gli altri tipi, esistono diete più restrittive. Ad esempio, ci sono alcune diete "cheto" in cui i carboidrati sono limitati solo al 2% dell'assunzione giornaliera di cibo, le proteine all'8% e il resto è costituito dal 90% di grassi.

In generale, una dieta per adulti è considerata salutare quando si consumano da 225 a 323 grammi di carboidrati al giorno. Cioè dal 45% al 60% dell'apporto calorico giornaliero. Questa è la differenza. Per fare un esempio: una piccola banana contiene circa 24 grammi di carboidrati e una tazza di riso bollito 45 grammi.

Se si supera la quantità consentita di carboidrati, lo stato di chetosi viene perso e il corpo torna a bruciare glucosio anziché grasso, interrompendo così l'effetto della dieta chetogenica.

La dieta chetogenica si è dimostrata efficace per la perdita di peso monitorando la glicemia dei pazienti e abbassando la pressione sanguigna e i trigliceridi, un certo tipo di grasso.

Quando il corpo entra in uno stato di chetosi, cioè attinge energia dal grasso invece che dal glucosio, può causare sintomi simil-influenzali, la cosiddetta "influenza chetogenica", come mal di testa, nausea e affaticamento. L'influenza cheto è innocua per la maggior parte delle persone e i sintomi di solito scompaiono entro due settimane. Altri effetti collaterali possono includere alitosi e crampi muscolari. La stitichezza è un altro effetto collaterale perché è una dieta povera di fibre, contenute in cereali, frutta e verdura.

CPSIA information can be obtained
at www.ICGtesting.com
Printed in the USA
LVHW021533110521
687091LV00003B/369

9 781801 565981